CATALOGUE

D'OBJETS D'ART

ET DE CURIOSITÉ

Composant le Cabinet de M. J. BALIN

VENTE

Les Lundi 4, Mardi 5 & Mercredi 6 Mars 1861

Mᵉ **BULLOT**, Commissaire-Priseur.

M. RIFF, Expert.

RENOU ET MAULDE

IMPRIMEURS DE LA COMPAGNIE DES COMMISSAIRES-PRISEURS

Rue de Rivoli, 111.

CATALOGUE
D'OBJETS D'ART
ET DE CURIOSITÉ

OBJETS BIZANTINS DU MOYEN-AGE & DE LA RENAISSANCE

Composant le Cabinet de M. J. BALIN

TELS QUE :

Émaux bizantins et de Limoges, Faïences de Bernard Palissy, Faïences italiennes, Verreries vénitiennes, Ivoires et bois sculpté, quelques Marbres, Bronzes florentins, objets d'orfèvrerie, Camées et Intailles, Bijoux en or émaillé, Terres cuites de Clodion, Manuscrits ornés de miniatures, Objets d'antiquité. Porcelaines de Saxe et de Sèvres ;

TABLEAUX
ANCIENS ET MODERNES

PAR ET D'APRÈS

Lucas de Leyde, François Porbus, Raphaël, Berghem, Hobbema, Dosso Dossi, Breughel de Velours, Huet, Greuze, Prud'hon, Oudry, Breughel d'Enfer, Watteau, Boucher, Lagrenée, Pierre Guérin, Géricault, Marilha et autres maîtres,

DONT LA VENTE AUX ENCHÈRES PUBLIQUES AURA LIEU

HOTEL DES COMMISSAIRES-PRISEURS
Rue Drouot, nº 5

SALLE Nº 4

Les Lundi 4, Mardi 5 & Mercredi 6 Mars 1861,

A 1 HEURE

Par le ministère de Mᵉ **BULLOT**, Commissaire-Priseur, rue de Provence, 7,

Assisté de **M. RIFF**, Expert, rue Rossini, 9,

CHEZ LESQUELS SE DISTRIBUE LE CATALOGUE.

EXPOSITION PUBLIQUE

Le Dimanche 3 Mars 1861, de midi à 5 heures.

—

1861

ORDRE DE LA VENTE

Lundi 4 Mars.

Bronzes bysantins et gothiques.
Bronzes florentins.
Ivoire et bois sculptés.
Émaux.

Mardi 5 Mars.

Faïences de Bernard Palissy.
Orfévrerie et Bijoux anciens.
Camées et Pierres gravées.
Objets en fer travaillé.

Mercredi 6 Mars.

Objets divers.

Vases étrusques, Verreries de Venise.
Miniatures, Tableaux gothiques.
Tableaux anciens et modernes.

CONDITIONS DE LA VENTE

Elle sera faite au comptant.
Les Acquéreurs paieront, en sus des adjudications, 5 pour cent applicables aux frais.

DÉSIGNATION

DES OBJETS

BRONZES BYSANTINS & GOTHIQUES

1 — Châsse en cuivre émaillé, ornée de figures de Saints.

2 — Plaque de châsse émaillé, belle de conservation.

3 — Petite plaque émaillée, ornée de figures de Saints et légendes.

4 — Fragment de crosse émaillé trouvé dans la Seine. (Cette pièce a été publiée par M. Forgeais.)

5 — Pied de flambeau en cuivre émaillé.

6 — Boîte aux saintes huiles, cuivre gravé.

7 — Christ en cuivre émaillé et doré.

8 — Autre Christ   id.

9 — Grand plat gothique en cuivre repoussé.

10 — Bronze : statuette de saint.

11 — Pied de calice, ornée de six émaux.

12 — Croix de procession en cuivre gravé et doré. Sur les deux faces, on remarque les six Évangélistes.

13 — Isis, grand et beau bronze égyptien (antique).

14 — Clef de fontaine en bronze antique, formée par un groupe de plusieurs figures.

15 — Neuf pièces en bronze antique : boucles et bracelets.

16 — Divinité indienne en bronze.

17 — Petite statuette d'Hercule, bronze antique.

18 — Lampe formée par une colombe, bronze du xive siècle.

19 — Lampe d'église, ornée de bas-reliefs. (Curieux travail du ixe siècle.)

20 — Grande plaque tumulaire en cuivre gravé. On remarque au centre le Christ en croix et plusieurs saints personnages de chaque côté ; plus bas, un sépulcre avec une épitaphe en vieux caractères français. L'encadrement est formé par des ornements et des initiales gravés. (xve siècle.)

21 — Grande figure en argent repoussé : saint Jean. Beau travail d'orfèvrerie du xve siècle. (Vente Préaut.)

22 — Petite coupe en argent repoussé du xve siècle.

22 bis — Cadre vénitien en cuivre doré, ornée de coraux.

23 — Pied de calice en cuivre repoussé et doré, orné de six médaillons émaillés, figures d'évangélistes.

24 — Encensoir en cuivre du xve siècle.

25 — Grand ostensoir en cuivre repoussé et doré. (xvie siècle.)

26 — Ostensoir en cuivre repoussé et doré, orné de figurines en argent.

27 — Autre ostensoir en cuivre du xve siècle.

28 — Baiser de paix en cuivre repoussé, dans une jolie bordure gothique ornée de cabochons.

29 — Autre baiser de paix en cuivre.

30 — Fragment d'encensoir orné de six médaillons. (xvie siècle.)

BRONZES FLORENTINS

31 — Jolie statuette d'enfant, du xvie siècle.

32 — Encrier : Hercule accroupi, même époque.

33 — Autre encrier, les pieds formés par trois chimères.

34 — Vénus accroupie, jolie bronze sur socle en marbre.

35 — Buste de Charles-Quint, beau bronze du xvie siècle.

36 — Mercure en bronze, formant lampe. Les accessoires
      sont en argent.

37 — Statuette de Vénus, bronze italien du xvie siècle.

38 — Femme couchée, bronze italien, même époque.

39 — Croix d'autel, bronze florentin, même époque.

40 — Faune, bronze   id.   id.

41 — Pied de calice en bronze repoussé et doré, époque
      Louis XIII.

42 — Deux jolies statuettes d'enfants en bronze sur socles
      en marbre, avec garnitures en bronze doré, époque
      Louis XVI.

43 — Grand pied de coupe en cuivre repoussé et doré.

44 — Christ en argent sur une croix en bois noir enrichie
      d'ornements en argent repoussé et doré ; travail
      italien du temps de Louis XIII.

45 — Encrier gothique en bronze.

46 — Étrier en bronze du temps de Henri IV.

47 — Cigogne en bronze florentin.

48 — Grenouille en bronze, travail chinois.

49 — Porte de tabernacle en bronze. (xvie siècle.)

50 — Collier de chien en cuivre gravé, même époque.

IVOIRE & BOIS SCULPTÉS

51 — Très-beau diptyque renfermant six bas-reliefs ; chaque feuille présente trois sujets séparées placées sous des arceaux en ogives d'une grande délicatesse de travail. Sur le volet de droite, on remarque l'Entrée de Jésus à Jérusalem, le Lavement des pieds et la sainte Cène ; volet de gauche, Jésus au jardin des Oliviers, Trahison de Judas et la Crucification. Ouvrage du xvie siècle, d'une conservation remarquable et d'une très-belle exécution. (Vente Daugny.)

52 — Bas-relief en ivoire, dans une bordure vénitienne en bois d'olivier incrusté d'ivoire et de nacre.

53 — Sculpture de haut-relief : la Descente de croix, grande et belle composition de neuf figures. Pièce capitale de la fin du xve siècle. (Vente Humann.)

54 — Diptyque en ivoire du xive siècle ; sujets : le Repos de la Vierge et le Christ en croix. Beau travail composé d'un grand nombre de personnages. (Vente Jaquinot Godard.)

55 — Diptyque en ivoire. Volet de gauche : le Christ en croix ; volet de droite : la Descente de Croix. Ouvrage du xve siècle.

56 — La Piéta, bas-relief en ivoire, d'après Michel-Ange. (xve siècle.)

57 — La Vierge et l'Enfant Jésus, statuette en ivoire du xvie siècle.

58 — Petit diptyque rehaussé de peintures et dorures. (Gothique).

59 — La sainte Vierge, figure de ronde bosse, travail du xve siècle.

60 — Volet de diptyque en ivoire du xve siècle.

61 — L'Adoration des Mages, bas-relief en ivoire, (xvie siècle.)

62 — Baiser de paix; la Vierge et l'Enfant Jésus, xvie siècle.

63 — Autre Baiser de paix; le Christ en croix. Travail du xvie siècle.

63bis — Très-beau bas-relief de forme cintré : le Roi David. (Ivoire romand.)

64 — La sainte Vierge entre deux chérubins, volet de diptyque du xvie siècle.

65 — Ange assis déroulant une banderolle, fragment de bas-relief en ivoire du xvie siècle.

66 — Le Christ entouré de saints personnages, volet de diptyque du xve siècle.

67 — Volets de diptyque à deux compartiments; à droite, le Repos de la Vierge; à gauche, l'Annonciation. Ouvrage d'une gronde finesse d'exécution, xve (siècle.)

68 — Volet de diptyque à jour : la Vierge aux pieds du Christ, et quatre évangélistes (xve siècle.)

69 — Autre volet de diptyque : la Mort du Christ (xvie siècle).

70 — Plaque ronde en nacre sculpté du xvie siècle.

71 — Groupe en ivoire provenant d'un Calvaire xvie (siècle).

72 — Baiser de paix, en ivoire d'un travail très-fin (xvie siècle).

73 — Volet de diptyque en ivoire : la Mort du Christ, (xvie siècle).

74 — Plaque en ivoire à deux compartiments, travail byzantin.

75 — Bas-relief en ivoire : le Repos de la Vierge. Ouvrage du xve siècle, bordure en bois noir.

76 — Grand Christ en ivoire, sur une croix en bois enrichi d'ornements en argent repoussé et pierres de couleur. Travail italien du temps de Louis XIII. (Haut. de l'ensemble, 1 m. 42 c.)

76 bis — Statuette en ivoire du xvie siècle. (Vente Fould.)

77 — Triptyque en ivoire de style roman.

78 — Paix gothique en ivoire.

79 — Paix en ivoire, époque Henri II.

80 — Ecce homo, statuette en ivoire.

81 — Statuette en ivoire : danseuse de la Comédie italienne, époque Louis XIV.

82 — Saint Pierre, statuette en ivoire.

83 — La Rédemption, bas-relief en ivoire, époque Louis XIV.

84 — Haut-relief en ivoire, saint Christophe.

85 — Râpe à tabac, sujet flamand.

86 — Dessus de pelote en ivoire, époque Louis XV.

87 — Deux figurines, moines en prière, ivoire.

88 — Médaillon en ivoire : portrait de Mirabeau.

88bis. — Trois petits bas-reliefs en bois sculpté du xvie siècle. (Sujets allégoriques.)

89 — L'Annonciation, bas-relief en ivoire. Epoque Louis XIII.

90 — Volet de dyptique : la Crêche. (xive siècle.)

91 — Autre volet de dyptique : l'Adoration des Mages. Même époque.

92 — La Sainte Vierge entre deux anges. Petit bas-relief du xive siècle.

93 — Volet de dyptique : Christ en croix. Ivoire du xive siècle.

94 — Plaque carrée en ivoire : le Christ en croix, au revers, un cadran solaire, gravés, ouvrage du xve siècle.

95 — Petite plaque haut relief en ivoire : (le Père Eternel.) (xvie siècle.)

96 — Christ au tombeau, ivoire du xiiie siècle. (Vente de Failly.)

97 — Petit bas-relief cintré : La Vierge et les anges. Joli travail de la fin du xive siècle. Cadre en ivoire.

98 — Noix de Nuremberg, en buis très-finement sculpté et divisé en deux parties, offrant chacune un petit bas-relief : sujets saints, entourés de légendes. Ouvrage très-minutieux du xvie siècle.

99 — Sainte Vierge en bois de poirier sculpté, joli travail, époque Louis XIII.

100 — Statuette en bois sculpté, bien drapée et d'un beau caractère. (xvie siècle.) ·

101 — Bas-relief en bois sculpté : Ermite dans une grotte, entouré d'animaux ; au fond une chasse.

102 — Bas-relief en terre cuite : sujet mythologique (de Clodion)

103 — Petit bas-relief en pierre : sujet allégorique.

104 — Guerrier entouré d'enfants, côté d'une poire à poudre en os sculpté du xvie siècle

105 — Manche de couteau en ivoire, époque Louis XIV.

106 — Beau vase en ivoire, avec ornements en cuivre doré et finement ciselé, du temps de Louis XVI.

107 — Bas-relief en corne, repoussé dans une bordure italienne garnie en argent.

108 — Deux figures d'enfants couchés. Bois sculpté du xvie siècle.

109 — Croix en bois de cèdre très-finement sculpté sur toutes les faces. Travail du Liban.

110 — Figure d'évêque en bois peint et doré. Sculpture du xvie siècle.

110 bis — Petit bas-relief en ivoire : l'Adoration des bergers. Cadre en argent. (Travail du xve siècle.)

ÉMAUX

111 — Plaque ovale : le Christ en croix. Email d'une belle couleur portant au revers la signature de Laudin. (H. 19 c. L. 17 c.)

112 — Deux petits émaux gothiques, avec bordure en argent.

113 — Grande plaque en cuivre émaillé sur paillon : le Christ en croix, entouré de saintes femmes ; au fond, une ville et un fleuve. Belle pièce d'une grande richesse de couleur et bien conservée. (H. 29 c. L. 22 c.).

114 — Autre plaque en cuivre émaillé : la Nativité. Sur le premier plan, la Vierge et saint Joseph ; au fond, plusieurs personnages en prière ; de chaque côté, deux anges tenant des banderolles. (xvᵉ siècle). (H. 20 c. L. 20 c.).

115 — Email de Limoges : la Vierge et l'Enfant Jésus. (H. 17 c. L. 13 c.).

116 — Plaque en hauteur : la Flagellation du Christ. Riche composition d'une belle couleur. (Bien conservée.)

117 — Petite plaque en hauteur : le Christ portant sa croix. Près du Christ des saintes femmes et plusieurs autres personnages en costume du xvіᵉ siècle.

118 — Plaque carrée en cuivre émaillé : le Christ bénissant le monde.

119 — Plaque ovale : le Triomphe de Galathée. Grisaille rehaussée d'or.

120 — Plaque de forme cintrée, émail sur cuivre : Descente de croix. (xıvᵉ siècle.) Fabrique de Limoges.

121 — Plaque carrée, émail sur cuivre : la Flagellation.

122 — Plaque de forme cintrée : Saints personnages en prière. Bel émail du xvᵉ siècle.

123 — Baiser de paix, émail sur cuivre du xviᵉ siècle : (Donataires aux pieds de la Vierge)

124 — Petit émail de forme cintrée : la Nativité.

125 — Autre émail : la Tentation de saint Antoine.

126 — L'Adoration des Mages. Email du xvᵉ siècle.

127 — Sainte Anne, petit émail de forme ronde.

128 — Coupe en émail de Limoges de Laudin.

129 — Plaque en hauteur, émail sur paillon : la Vierge au rosaire. La Vierge assise sur un trône; de chaque côté, des groupes de saints et de saintes; sur le haut de la plaque, des anges offrent des rosaires. Cette pièce porte le monogramme (J. L.) Bordure italienne en ébène avec garniture en cuivre repoussé. (H. 22 c. L. 18 c.).

130 — Agrafe d'évêque, en émail, dans une bordure en cuivre doré, enrichie de pierres de couleur. (xvᵉ siècle.)

131 — Deux bossettes en émail de Venise du (xviᵉ siècle).

132 — Grand et beau bol en émail cloisonné de Chine, sur socle en bois de fer.

133 — Coquille en émail cloisonné de Chine, socle en bois de fer.

134 — Hanap en émail de Venise.

135 — Belle aiguière en émail de Venise.

136 — Bénitier en émail de Venise.

137 — Petit émail ovale : sujet Watteau. Epoque Louis XV.

138 — Joli émail sur paillon : sujet mythologique, offrant aux quatre coins le monogramme de Diane de Poitiers et de Henri II.

139 — Plaque ronde : sujet grottesque; portant au revers, la signature de Laudin, 1674.

140 — Saint Paul et saint Joseph, émaux italiens.

141 — Deux petits émaux ovales : Paysages et fleurs.

142 — Deux autres émaux camaïeu.

143 — Boîte de montre : Sainte Famille. A l'intérieur, paysage avec figures.

144 — Petit émail : Susanne au bain.

145 — Email de forme ronde à deux faces : sujet mythologique et paysage.

146 — Petit émail ovale : sujet Watteau.

147 — Petit émail sur or : sainte Vierge et saint Joseph.

148 — Deux portraits en émail.

149 — Deux autres émaux, grisailles.

150 — Sous ce numéro seront vendus plusieurs autres émaux.

FAÏENCES DE BERNARD PALISSY

ET AUTRES.

151 — Saint Jérôme, grand bas-relief en faïence de Lucca della Robbia.

152 — Tête de saint, en faïence du même maître.

153 — Jolie coupe en faïence de Bernard Palissy, à bords renversés, décor vert sur fond brun, : Diane et Actéon. (Vente Jaquinot Godard.)

154 — Plat ovale en faïence émaillée : le Sacrifice d'Abraham.

155 — Coupe ronde à jour en faïence émaillée.

156 — Beau plat en faïence d'Urbino : Apollon et les Muses. (Pièce d'un bel émail et riche de couleur.)

157 — Vase à deux anses à reflet métallique. (Fabrique de Pesaro.)

158 — Grand plat à reflet métallique, de fabrique hispano-arabe.

159 — Autre plat plus petit, même fabrique.

160 — Plat à reflets rubis,   dito.

161 — Petit plat à reflet métallique, fabrique de Pesaro.

162 — Autre plat   dito   dito.

163 — Coupe à pié louche, fabrique de Faenza.

164 — Petit bol en faïence d'Urbino.

165 — Plat en faïence de Nevers, à fond jaspé de diverses nuances. Curieux spécimen de cette fabrique.

166 — Plaque en faïence du xvie siècle.

167 — Plat long en faïence de Rouen.

168 — Quatre salières en faïence italienne.

169 — Deux plaques en faïence de Castel Durante : paysages et figures.

169 bis — Beau plat en faïence, orné de mascarons, de Bernard Palissy.

ORFÉVRERIE & BIJOUX ANCIENS

170 — Jolie bouteille de chasse en argent repoussé, travail mauresque.

171 — Couverture de Missel en argent repoussé et ciselé, travail du temps de Louis XIII.

172 — Timballe en argent gravé.

173 — Trois pièces en argent, cuillères et fourchettes, gravé et ciselé. (xvie siècle.(

174 — Jolie boîte en argent repoussé et doré , époque Louis XV.

175 — Deux étuis en argent repoussé, même époque.

176 — Cassolette en argent finement ciselé.

177 — Petit reliquaire en cristal de roche, monté en filigrane d'argent.

178 — Deux salières en argent, époque Louis XVI.

179 — Statuette d'enfant, en argent ciselé.

180 — Trois petits bas-reliefs en argent repoussé.

181 — Médaille en argent doré, sujet religieux.

182 — Joli flacon en cristal de roche, cheveux de Vénus, monture argent doré.

183 — Boîte en racine de buis, ornée d'un bas-relief en argent (Signé Kirchelein, à Strasbourg.)

184 — Boîte en argent ciselé, ornée d'une plaque en nacre.

185 — Boîte en vernis Martin, à médaillons, d'après Boucher.

186 — Boîte en vermeil, ornée d'un émail.

187 — Boîte en porcelaine de Saxe, montée en argent.

188 — Autre boîte en racine de buis, ornée de quatre fixés.

189 — Petite boîte en avanturine, avec monture en argent.

190 — Sous ce numéro, seront vendus plusieurs autres boîtes et tabatières.

191 — Deux couteaux à manche en nacre et doubles lames en argent.

192 — Croix paroissiale en argent, du xve siècle. (Aux armes de la ville de Rouen.)

193 — Petit bas-relief, en argent repoussé.

194 — Petite bordure en argent repoussé, travail italien.

195 — Trois montres en argent, à sonnerie, époque Louis XIV.

196 — Médaille en argent, portant la date de 1505.

197 — Statuette d'enfant, en argent, sur socle en nacre garni en argent.

198 — Couteau et fourchette, manche en argent ciselé et doré, xvie siècle.

199 — Petits Niels en platine, dans un reliquaire en cristal de roche, avec monture en cuivre.

200 — Cinq chapelets en ambre et en corail, avec montures en argent.

201 — Trois autres chapelets en agate, de différentes couleurs, montures en argent.

202 — Couteaux et fourchette, manches en cornaline, garnis en argent. (XVIe siècle).

203 — Petit reliquaire en argent repoussé. (XVIe siècle.)

204 — Collier en filigrane d'argent émaillé.

205 — Huit pièces, croix normandes, en or.

206 — Deux épingles à cheveux, en or émaillé et ornées de perles.

207 — Bague en or, avec blason sous cristal de roche. (XVe siècle.)

208 — Bague en or émaillé, ornée d'une hyacinthe (XVIe siècle).

209 — Bague en or fin, ornée d'un petit bas-relief en or émaillé; ouvrage du XVIe siècle.

210 — Bague antique en or, montée d'une turquoise.

211 — Autre bague en or émaillé, montée de pierres de couleur, époque Louis XIII.

212 — Bague en or émaillé, montée d'une topaze, même époque.

213 — Autre bague en or, dito.

214 — Bague en or, montée d'un camé agate onyx.

215 — Bague en argent, montée d'un camé, dito.

216 — Anneau en or fin, travail du XVIe siècle.

217 — Petit anneau en or fin, orné d'une légende. (XVIe siècle.)

218 — Bague en or, montée d'une améthiste.

219 — Bague Louis XIII, en or émaillé, montée de cinq rubis.

220 — Bague montée d'une cornaline, finement gravée.

221 — Jolie petite bague en or émaillé, montée d'émeraudes et diamants. (XVIe siècle.)

222 — Bague en or émaillé, montée de topazes fumées, époque Louis XIII.

223 — Bague en or ciselé, montée d'un rubis cabochon. (XVIe siècle.)

224 — Deux bagues en or, montée de pierres fines, époque Louis XIII.

225 — Bague en or émaillé, montée d'une émeraude, époque Louis XIII.

226 — Bague en or, montée d'une améthiste et deux émeraudes, même époque.

227 — Autres bagues en or, montées de grenat et de diamants, époque Louis XIV.

228 — Deux bagues en or, montées de rubis et saphir.

229 — Bague en or émaillé, montée d'une chrysophase.

230 — Bague en or, montée d'un rubis entouré de roses.

231 — Deux anneaux en or, travail génois.

232 — Bague montée d'un petit cadran entouré d'émeraudes.

233 — Bague rocaille, en or émaillé.

234 — Bague en or, montée de sept diamants de table.

235 — Bague en or, montée d'une topaze entourée de roses.

236 — Bague en or, montée d'une grande cornaline orientale gravée. (Tête d'Alexandre.)

237 — Joli petit reliquaire en or émaillé, travail italien du xvie siecle.

238 — Pendeloques en or émaillé, montées de pierres fines. (xvie siècle.)

238 *bis* — Dix-neuf bagues en or, montées de pierres fines des xv, xvie et xviie siècles. Ce lot sera divisé.

239 — Tabatière en vermeil et écaille, ornée d'un émail (Portrait d'Anne d'Autriche.)

240 — Boîte en rubin glass, monture en vermeil; joli ouvrage du xvie siècle.

241 — Trois boîtes en bronze tonquin, richement ciselées.

242 — Pomme de canne en bronze, dito.

243 — Trois étuis en vernis Martin et écaille piquée d'or.

244 — Tabatière en buis, ornée d'un émail; tête de furie.

245 — Broche en argent émaillé, ornée de pierres de couleurs et de perles.

246 — Boîte à mouche piqué d'argent.

247 — Boîte en émail de Saxe ; à l'intérieur, on remarque un portrait, genre Watteau.

248 — Croix reliquaire en or émaillé, ornée de perles fines. (Epoque Louis XIII.)

249 — Autre croix reliquaire, or émaillé,   dito.

250 — Croix en argent, ornée d'améthiste.

251 — Paires de grandes boucles d'oreilles en or, garnies d'émeraudes. (Époque Louis XIII.)

252 — Croix en or, ornée de perles fines. (Époque Louis XIII.)

253 — Petite croix en or fin, ornée de fleurs de lys.

254 — Petite croix en argent, ornée de grenats, époque Louis XIII.

255 — Deux grandes croix normandes en or.

256 — Broche en argent, ornée de rubis.

257 — Trois broches en argent, ornées de grenats.

258 — Treize pièces en argent et strass .

259 — Trois croix normandes en argent, ornées de pierres fines.

260 — Bracelet antique en argent.

261 — Chaîne de montre argent ciselé, joli travail moderne.

262 — Trois cachets en argent, avec armoiries.

263 — Petit thermomètre de Janvier, monté dans une bague en or.

264 — Petite agraffe antique en or, avec légende.

264 bis — Narguillé en argent.

CAMÉES & PIERRES GRAVÉES

265 — Chronologie des rois de France, composée de soixante cinq camées incrustés sur un fond en jade accinien, signés (B. F., 1753). Cette pièce intéressante a été décrite dans la *Revue des Beaux-Arts*, le 15 août 1853, et provient du cabinet de M. Oudet, ancien conservateur du Musée de Bar-le-Duc.

266 — Grande agate gravée, travail du XVIe siècle.

267 — Saint Jérôme, sculpture en ronde-bosse sur sardoine orientale.

268 — Ecrin contenant cinquante-quatre pierres gravées. agate, cornaline, cristal de roche, etc.

269 — Autre écrin contenant douze pierres gravées : armoiries, etc.

270 — Ecrin de dix-neuf cornalines gravées : armoiries.

271 — Broche en argent doré, montée d'un camée coquille. (Tête de vieillard.)

272 — Joli camée en onyx à deux couches : l'Adoration des Mages. (Ouvrage du XVIe siècle.)

273 — Onyx gravée. (Tête de guerrier.)

274 — Tête d'Hercule, camée monté en bague.

275 — Camée coquille, monture en or entouré de perles.

276 — Joli camée coquille, Léda. (XVIe siècle.)

277 — Deux petites plaques en nacre sculpté. (Neptune et Cérès.)

278 — Petit camée antique, tête de femme.

279 — Plaque en nacre sculpté, triomphe de Vénus.

OBJETS EN FER TRAVAILLÉ

280 — Médaillon en fer, portrait de Sully.

281 — Serrure à secret du temps de Louis XIV.

282 — Grande serrure de bahut gothique.

283 — Grande serrure allemande du xvi° siècle.

284 — Dessous de fer à repousser, fonte du temps de Louis XVI.

285 — Poignée de porte gothique en fer.

286 — Heurtoir formé par un dauphin, xvi° siècle.

287 — Petit heurtoir de porte, travail allemand du xvi° siècle.

288 — Autre heurtoir allemand, même époque.

289 — Heurtoir allemand, époque Louis XIII.

290 — Boucle de baudrier en fer ciselé.

291 — Jolie drageoir en fer ciselé avec plaque en cristal de roche, gravée.

292 — Grande serrure en fer, époque de la Renaissance.

293 — Entrée de serrure en fer ciselé, avec la date de 1536.

294 — Deux plaques en fonte polie, portraits.

295 — Clef royale dont Louis XVI se servait pour ouvrir les trois appartements secrets qu'il avait aux Tuileries.

296 — Deux consoles en fer forgé.

297 — Pommeau d'épée en fer repercé et ciselé à jour, joli travail italien de la Renaissance.

298 — Coquille d'épée en fer ciselé, les fonds damasquinés d'or, riche travail du temps de Louis XIV.

299 — Autre coquille d'épée, en fer damasquiné d'argent, époque Louis XIII.

300 — Deux verrous, époque renaissance et gothiques.

301 — Paire de tire-bottes en fer, repercé à jour et ciselé, époque Louis XVI.

302 — Gaîne de dague suisse en fer repoussé, du xvie siècle.

303 — Deux pièces, épée et couteau de chasse.

304 — Très-belle épée de chasse, à poignée en fer, richement incrusté d'argent.

305 — Fer de javelot damasquiné d'or, époque Louis XIV.

OBJETS DIVERS

306 — Une quêteuse en velours brodé en fin.

307 — Petite console en bois sculpté et doré, époque Louis XVI.

308 — Ecce Homo, statuette en terre cuite.

309 — Neuf pièces, broderies gothiques.

310 — Pyramide en cristal de roche.

311 — Grand médaillon rond, en cire. (Charmante composition d'une grande finesse de travail, attribué à Clodion.)

312 — Trois statuettes en mandragore, travail chinois.

313 — Quatre groupes en saxe moderne.

314 — Pot en grès de Flandre.

315 — Tasse en porcelaine de Sèvres, pâte tendre.

316 — Sucrier en porcelaine de Sèvres, dito.

317 — Tasse et soucoupe en porcelaine de Saxe.

318 — Bas-relief en terre cuite, d'après Clodion.

319 — Deux médaillons en porcelaine de Sèvres, fond bleu.

320 — Fontaine en porcelaine du Japon.

321 — Boîte à thé en pierre de lard (chinois).

322 — Jolie chope en étain gravé dans le goût de Briot.

323 — Lit en bois peint, avec son ciel, du temps de Louis XVI.

324 — Panneau en bois gravé, du XVIe siècle.

325 — Portrait de Mlle de Penthièvre, tableau en tapisserie des Gobelins. (Signé Duplessis, 1774.)

326 — Poire à poudre italienne en cuir gauffré.

327 — Autre poire à poudre, dito.

328 — Manuscrit : la Légende d'or.

329 — Missel sur vélin, enrichi de grandes lettres. (XVIe siècle.)

330 — Etui de manuscrit en cuir gauffré et doré, XVIe siècle.

331 — Ancienne Bible avec figures.

332 — Grand in-folio : Histoire de don Quichotte, d'après Coypel, gravé par Cochin et autres (incomplet).

333 — Description des fêtes données par la ville de Paris à l'occasion du mariage de Mme Elisabeth de France, grand in-folio, 1739.

334 — Quatre jolies miniatures sur vélin, provenant d'un missel du XIIIe siècle. (Collection Debruge Duménil.)

335 — Deux figures en terre cuite, par M. Régnier, de la manufacture de Sèvres. (Signé.)

336 — Deux coupes en marbre, époque Louis XVI.

337 — Statuette de J.-J. Rousseau. Biscuit.

338 — Reliquaire en cristal de roche avec bordure en fer ciselé.

339 — Deux vasses carrés en jade vert avec monture en bronze ciselé et doré. (Chinois).

340 — Image russe, encadrement en vermeil.

341 — Corne de chasse aux armes des ducs de Bourgogne.

842 — Deux pièces en bronze doré, avec têtes de chérubins en argent repoussé.

343 — Très-belle crosse d'évêque en cuivre émaillé, style byzantin.

344 — Joli éventail en vernis Martin : Diane chasseresse.

345 — Deux autres éventails, époque Louis XV.

346 — Deux beaux plateaux en cuivre repoussé, argenté et finement ciselés, époque Louis XIV.

347 — Grande boîte à ouvrage en bois noir, garnie en acier poli, du temps de Louis XVI.

348 — Autre boîte à ouvrage, garnie en argent.

349 — Joli bas-relief en bois sculpté : Daniel découvrant au roi Cyrus la supercherie des faux prêtres.

350 — Deux magots, porcelaine de Chine.

351 — Buste en marbre : Tête de Nymphe. (xvie siècle.)

352 — Autre buste plus petit : Tête de Niobé.

353 — Figure de sainte en prière, bois sculpté. (xve siècle.)

VASES ÉTRUSQUES

354 — Bas-relief antique, provenant d'un tombeau.

355 — Vase étrusque à deux anses, orné de figures drapées.

356 — Coupe romaine en verre antique.

357 — Bouteille à anse, verre antique.

358 — Lampe en verre antique.

359 — Petite amphore grecque, émaillée en couleur.

360 — Coupe antique en bronze.

361 — Bague en ivoire avec scarabée.

362 — Collection d'environ cent pièces de vases étrusques : terres de Nola, verres antiques, amulettes et figurines en terre émaillée, statuettes, lampes et mascarons en terre cuite antique.

Ce lot sera divisé.

VERRERIES DE VENISE & DE BOHÊME

363 — Joli verre de Venise à bossettes.

364 — Verre de Venise à côtes, ornements en verre bleu.

365 — Autre verre de Venise,   dito.

356 — Petit verre de Venise à gaudrons.

367 — Autre verre, forme basse, à gaudrons.

368 — Petit verre de Venise, ornements en verre bleu.

369 — Verre de Venise filigrané, forme tulipe.

370 — Vidrecome, verre de Venise émaillé en bleu.

371 — Calice avec couvercle, verre de Venise.

372 — Deux pièces : bouteilles à col tordu, verre de Venise.

373 — Petit baril en verre de Venise, émail blanc.

374 — Deux presse-papier, verre de Venise.

375. — Sous ce numéro seront vendues environ trente pièces, verre de Venise et de Bohême.

MINIATURES

376 — Jolie miniature dans le genre de Boucher.

377 — Cadre contenant une miniature et deux fixés. La miniature est signée Carteaux, peintre du roi.

378 — Miniature : portrait de Robespierre jeune.

379 — Prise de la Bastille. Miniature.

380 — Femme couchée. Miniature par Drolling.

381 — Joli fixé. Intérieur de ferme.

382 — Portrait d'homme, époque Henri II.

383 — Dessin. Femme couchée, signé J.-B. Huet, 1786.

384 — Portrait de femme, dessin portant le monogramme (IIB).

385 — Gouache. Sujet pastoral.

386 — Baigneuse. Fixé dans le genre de Boucher.

387 — Fixé. Marine.

388 — Deux fixés, époque de Boucher.

389 — Deux jolis dessins, par Klingstel.

390 — Charmante miniature : portrait de femme en costume du temps de Louis XV, par Sicardy.

391 — Petite miniature sur ivoire. Tête de philosophe.

392 — Très-beau fixé : portrait du fils de l'amiral Tromp.

393 — Jolie gouache dans la manière de Boucher.

394 — Portrait de Marie Touchet, maîtresse de Charles IX.

395 — Portrait de jeune homme, dans la manière de Boilly. Signé (M. M. B.)

396 — Joli fixé : bouquet de fleurs, cadre en or émaillé.

397 — Cinq petites peintures ovales sur cuivre, époque Louis XIV.

398 — Deux miniatures : portraits d'homme et de femme.

399 — Portrait de Descartes. Miniature.

400 — Deux très-beaux dessins : paysages avec animaux, par Carrel Dujardin.

401 — Miniature : portrait de femme, par Sicardy.

402 — Peinture ovale, sur ivoire, époque Louis XIV.

403 — Sous ce numéro seront vendues plusieurs miniatures non cataloguées

---

TABLEAUX GOTHIQUES

404 — Deux tableaux gothiques, avec légende.

405 — Adoration des Mages, peinture sur bois du XVIe siècle.

406 — Deux autres tableaux, fond doré.

407 — Religieuses en prière et donataire.

408 — Deux panneaux, peinture sur bois du xvᵉ siècle.

409 — Peinture sur verre avec dorure.

410 — Deux personnages entourés de légende. (xvᵉ siècle).

411 — Tableaux russes dans une bordure à volets.

412 — Tête de femme finement peinte, dans le genre d'Albert Durr.

413 — La Nativité, beau tableau du xvᵉ siècle. (Vente d'Houdetot).

414 — Sainte Famille, peinture gothique.

415 — Vierge et Enfant, tableau gothique sur bois.

416 — Mater Dolorosa, peinture grecque, fond doré.

417 — Jésus chez les Saintes Femmes, tableau sur bois. (Vente du maréchal Soult.)

418 — Saint Sébastien, peinture sur bois du xviᵉ siècle. (Même vente.)

419 — Jésus au jardin des Olives, tableau gothique sur bois.

420 — Portrait sur bois, pic de la Mirandole.

421 — Vierge et l'Enfant Jésus, peinture sur bois, du xviᵉ siècle.

422 — L'Assomption de la Vierge, jolie composition peinte sur bois, par Lucas de Leyde. Signé (1420).

423 — Peinture sur fond d'or. Évangéliste. (École de Fiessol.)

424 — La Pentecôte, peinture sur bois du xvᵉ siècle.

425 — Conversion de saint Paul, peinture sur bois avec personnages en costumes du xviᵉ siècle. (École française.)

426 — Portrait sur bois : Guillaume du Vair, garde-des-sceaux (par François Porbus). Tableau bien authentique, provenant du cabinet du duc de Richelieu.

TABLEAUX ANCIENS & MODERNES

427 — Beau paysage, avec figures et animaux, par Berghem. (Signé.)

428 — Paysage, avec figures, attribué à Boucher.

429 — Esquisse du naufrage de la Méduse, par Géricault.

430 — Esquisse du Cuirassier. (Du même.)

431 — Portrait d'homme. (Du même.)

432 — Le Guide, esquisse. (Du même.)

433 — Tête de grec. (Du même.)

434 — Bacchante couchée, par Lagrenée.

435 — Vue de Thèbes, (Basse-Égypte), par Marilla.

436 — L'âme, par Prud'hon.

437 — Les Vêpres siciliennes, très-beau dessin par Meissonnier. (Signé.)

438 — Beau portrait d'homme, époque Louis XIV, par Grimoux.

439 — Du même. Joueur de vielle.

440 — Fournières. Portrait de femme en Diane chasseresse. Mme de Valmier.

441 — Portrait de Mme de Broglie, par Largillière.

442 — Esquisse attribué à Raphaël : le Parnasse, première pensée d'une fresque du Vatican. (Vente Quédeville.)

443 — Pinturetio : la Résurection du Christ, belle composition du maître.

444 — Vulcain forgeant des flèches, d'après Jules Romain. (Copie d'époque.)

445 — La danse de Mai, par Victoos, élève de Rembrandt.

446 — Hobbéma. Charmant paysage, avec figures d'une grande finesse d'exécution.

447 — Sainte Famille, par Dosso Dossi.

448 — Portrait d'homme, attribué à Greuze.

449 — Petit paysage, avec figures, par Breughel de Velours.

450 — Portrait sur bois, Ninon de Lenclos.

451 — Deux gouaches : fonderie de canons et occupation champêtre, époque de Louis XIV.

452 — Quatre jolies peintures: Paysages et Animaux, par Huet.

453 — Quatre autres tableaux : Fleurs et Attributs, du même.

454 — Jeune fille sur un sopha: portrait de Mlle Mayer, par (Prud'hon). Ce tableau a été gravé sous le nom de *la Femme à la Colombe*.

455 — Deux gouaches, modèle d'éventail, époque Louis XIV.

456 — Autre gouache, dito.

457 — Modèle d'éventail, sujet flamand, époque Louis XIII.

458 — Deux peintures sur bois, paysage avec figures, signé Loubon de Marseille.

459 — Aquarelle, d'après Court, signé Fiochi.

460 — Tête de chien, par Oudry.

461 — Peinture ovale sur cuivre.

462 — Sainte Famille, peinture sur bois, école italienne,

463 — Paysage, peinture sur bois, par Breughel Denfer.

464 — Portrait de femme, peinture sur bois, époque Louis XIII.

465 — Deux peintures ovales, figures allégoriques attribuées à Pierre Guérin.

466 — Personnage de la Comédie italienne, école de Watteau.

467 — Dernier banquet des Girondins, école de David.

468 — Deux grands tableaux, batailles, par Bourguignon.

469 — Amour, école du Corrège.

470 — Coronice métamorphosée en corneille, par le chevalier de Wleughel.

471 — La Vierge et l enfant Jésus, école espagnole. (Vente du château de Neuilly.)

472 — Grand paysage, école moderne.

473 — Sous ce numéro seront vendus les objets non catalogués.

Renou et Maulde, imprimeurs de la Compagnie des Commissaires-Priseurs, rue de Rivoli, 144.   791